Zona de construcción
Las retroexcavadoras

por Rebecca Pettiford

Bullfrog en español

Ideas para padres y maestros

Bullfrog Books permite a los niños practicar la lectura de textos informativos desde el nivel principiante. Las repeticiones, palabras conocidas y descripciones en las imágenes ayudan a los lectores principiantes.

Antes de leer

- Hablen acerca de las fotografías. ¿Qué representan para ellos?

- Consulten juntos el glosario de las fotografías. Lean las palabras y hablen de ellas.

Durante la lectura

- Hojeen el libro y observen las fotografías. Deje que el niño haga preguntas. Muestre las descripciones en las imágenes.

- Léale el libro al niño o deje que él o ella lo lea independientemente.

Después de leer

- Anime al niño para que piense más. Pregúntele: Las retroexcavadoras son máquinas grandes. Ellas cavan y levantan. ¿Puedes nombrar otras máquinas grandes que hacen esto?

Bullfrog Books are published by Jump!
5357 Penn Avenue South
Minneapolis, MN 55419
www.jumplibrary.com

Library of Congress Cataloging-in-Publication Data

Names: Pettiford, Rebecca, author.
Title: Las retroexcavadoras / por Rebecca Pettiford.
Other titles: Backhoes. Spanish
Description: Minneapolis, MN: Jump!, Inc., [2023]
Series: Zona de construcción
Translation of: Backhoes.
Audience: Ages 5–8
Identifiers: LCCN 2022009096 (print)
LCCN 2022009097 (ebook)
ISBN 9781636909844 (hardcover)
ISBN 9781636909851 (paperback)
ISBN 9781636909868 (ebook)
Subjects: LCSH: Backhoes—Juvenile literature.
Classification: LCC TA735 .P4618 2023 (print)
LCC TA735 (ebook)
DDC 624.1/52—dc23/eng/20220328

Editor: Jenna Gleisner
Designer: Michelle Sonnek
Content Consultant: Ryan Bauer
Translator: Annette Granat

Photo Credits: Vereshchagin Dmitry/Shutterstock, cover; Dmitry Kalinovsky/Shutterstock, 1; Yobro10/iStock, 3; gece33/iStock, 4; Konov/Shutterstock, 5; KVN1777/Shutterstock, 6–7, 23tl; ewg3D/iStock, 8–9, 10–11, 23br; Attapon Thana/Shutterstock, 12; dimid_86/iStock, 13; Kateryna Mashkevych/iStock, 14–15, 23bl; Vadmin Ratnikov/Shutterstock, 16, 23tr; ROMAN DZIUBALO/Shutterstock, 17; Aisyaqilumaranas/Shutterstock, 18–19; TheHighestQualityImages/Shutterstock, 20–21; maxpro/Shutterstock, 22; Yevhen H/Shutterstock, 24.

Printed in the United States of America at Corporate Graphics in North Mankato, Minnesota.

Tabla de contenido

Descúbrelo

Esta es una retroexcavadora.

Es una máquina grande.

Ella cava.

Ella levanta.

También mueve cosas.

Los trabajadores van
a arreglar una tubería.

Marcos usa una
retroexcavadora.

Él se sienta
en la cabina.

cabina

Él maneja a su trabajo.

Él baja los estabilizadores.

Estos mantienen firme
la retroexcavadora.

estabilizador

Él mueve el brazo.

Este es largo.

Lo mueve hacia afuera.

brazo

Lo mueve hacia abajo.

cucharón
para roca

El cucharón para roca cava.

Cava la tierra.

El cucharón grande
levanta cosas.

Levanta tierra.

Levanta rocas.

cucharón

Las pone en un camión.

¡Mira!

Es la tubería.

Los trabajadores
la arreglan.

¡Bien hecho!

tubería

¡Las retroexcavadoras trabajan duro!

Las partes de una retroexcavadora

¿Cuáles son las partes de una retroexcavadora?
¡Échales un vistazo!

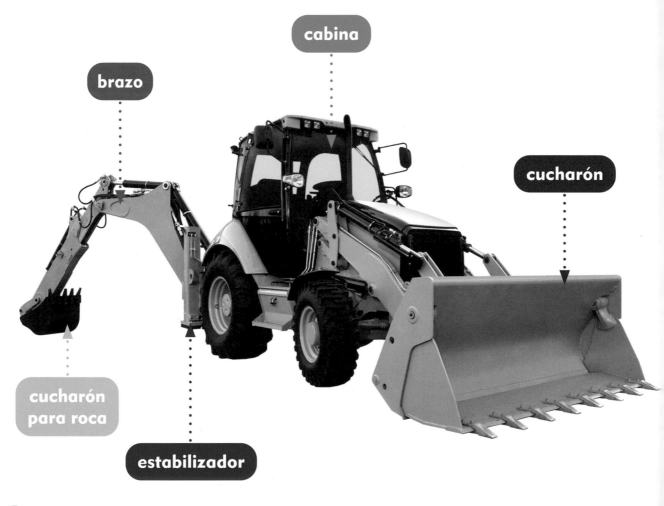

cabina

brazo

cucharón

cucharón para roca

estabilizador

Glosario de fotografías

cabina
El área en una máquina grande donde el conductor se sienta.

cucharón
El cucharón más grande de una retroexcavadora que levanta y echa.

cucharón para roca
El cucharón más pequeño de una retroexcavadora que cava.

estabilizadores
Las dos patas de una retroexcavadora que ayudan a mantener firme la máquina.

Índice

Para aprender más

FACT SURFER

Aprender más es tan fácil como contar de 1 a 3.

❶ Visita www.factsurfer.com

❷ Escribe "lasretroexcavadoras" en la caja de búsqueda.

❸ Elige tu libro para ver una lista de sitios web.